DEUXIÈME NOTICE

SUR

L'ARBITRAGE INTERNATIONAL

EN 1877 ET 1878

Lue à la Société Havraise d'Études diverses

PAR M. H. BAILHACHE

Docteur en Droit.

HAVRE

IMPRIMERIE LEPELLETIER, RUE SÉRY, 47

1881

DEUXIÈME NOTICE

SUR

L'ARBITRAGE INTERNATIONAL

EN 1877 ET 1878

Lue à la Société Havraise d'Études diverses

PAR M. H. BAILHACHE

Docteur en Droit.

HAVRE

IMPRIMERIE LEPELLETIER, RUE SÉRY, 47

1881

L'ARBITRAGE INTERNATIONAL

1877-1878

Dans les premiers jours de 1877 une pétition était présentée à la Chambre dans laquelle on lui demandait de
prendre les mesures nécessaires pour assurer la paix
entre les nations. Renvoyée à une commission, cette
pétition fut écartée et voici dans quels termes assez
dédaigneux s'exprimait à son égard M. Neveux, rapporteur de la commission :

« La même pétition a déjà été soumise à l'Assemblée
nationale en 1871 et il y a été répondu par l'ordre du
jour. Il n'y a pas lieu de l'accueillir plus favorablement
aujourd'hui. Dans tous les conflits, en effet, quelle que
soit leur nature, le dernier mot reste toujours à la force.
La loi elle-même trouve sa sanction dans la force lorsque
ses dispositions sont méconnues ou violées. » L'ordre du
jour fut, en effet, voté !

La France est le pays où le droit de la force devrait
être surtout réprouvé. Aussi est-il pénible de l'y voir
consacré par un député et consacré avec toute la solennité que pouvait lui imprimer la tribune du corps législatif.

Mieux inspiré était M. Renouard lorsqu'il prononçait, à la rentrée de la Cour de Cassation, cet éloquent discours où il protestait de toute la puissance de ses convictions contre l'existence de deux morales, « l'une, la grande, à l'usage des nations ; l'autre, la petite, à l'usage des citoyens entre eux. »

Mieux inspirés les tribunaux qui, après la guerre, frappaient de nullité les aliénations faites par la Prusse, en vertu du droit de la force, des biens dont elle s'était emparée sur notre territoire.

Mieux inspirés aussi les parlements étrangers qui ne s'arrêtaient pas à cette logique superficielle au moyen de laquelle la Chambre française écartait l'arbitrage international. Vous savez, en effet, Messieurs, que l'Angleterre, l'Italie, la Belgique, la Hollande, la Suède, le Canada et les Etats-Unis ont vu successivement leurs députés voter des résolutions pour la substitution de l'arbitrage à la guerre comme mode de solution des difficultés internationales.

Et quand, dans les nombreux conflits que la contrariété des intérêts a fait surgir depuis le commencement du siècle, des nations, prêtes parfois à en venir aux mains, remettaient à des arbitres la solution des plus graves débats, ne reconnaissaient-elles pas les droits de la raison supérieurs aux droits de la force ? 38 guerres ont été évitées dans ce siècle au moyen d'arbitrages ; ces 38 arbitrages ne sont-ils pas la condamnation même de ce prétendu droit de la force ?

Et quel est donc cet argument victorieux au moyen duquel M. Neveux faisait repousser la pétition de 1877 : c'est que « dans les conflits, le dernier mot reste à la force, la loi elle-même trouvant sa sanction dans la force lorsque ses dispositions sont méconnues ». Dans cette phrase qui contient la critique la plus fréquente et la plus vive contre l'arbitrage, je releverai tout d'abord une erreur.

M. Neveux place sur la même ligne deux situations qui sont loin d'être équivalentes. On a dit, comme lui et avant lui, que si nos lois sont observées c'est qu'au dehors du Palais de justice il y a des gendarmes qui les sanctionnent. Cela n'est pas absolument exact. La force n'est pas l'unique sanction de la loi. Dans l'ordre civil comme dans l'ordre criminel, si un principe du droit est violé, ce n'est pas à la force qu'on aura tout d'abord recours, la loi elle-même le défend : c'est aux tribunaux qu'on s'adressera, à des juges, et non à des gendarmes. Ordinairement cette première sanction suffira parce que les jugements seront respectés, et c'est seulement lorsqu'elle sera insuffisante que la force interviendra. La force est donc la sanction des jugements comme les jugements sont la sanction des lois.

Il en résulte qu'il est profondément illogique de repousser l'arbitrage en s'appuyant uniquement sur ce principe faux que la force est la sanction immédiate de la loi quand elle n'en est que la sanction médiate. Dites que si les décisions de l'arbitrage sont violées, la guerre, c'est-à-dire l'emploi de la force, s'imposera comme une sanction suprême, je le veux bien ; mais qu'il y ait là une raison de rejeter la sanction intermédiaire de l'arbitrage, qui donc l'admettra ?

Si vous voulez être logique, vous ne pouvez refuser au droit des gens la sanction pacifique de l'arbitrage, de même que vous attachez aux lois civiles la sanction pacifique des jugements. Plus tard seulement, et seulement s'il est nécessaire, interviendront le gendarme et le soldat ; mais par cette même raison que vous ne faites appel au gendarme que lorsque les tribunaux ont prononcé vainement, vous n'aurez le droit de mettre un soldat en mouvement qu'après que vous aurez constitué des juges entre les nations et seulement si leur autorité est méconnue. Or, si l'on songe que depuis le commencement de ce siècle, trente-huit conflits ont pu être réglés sans que jamais la solution des arbitres ait soulevé une seule réclamation de la part de la nation condamnée, on est bien forcé d'admettre qu'en dehors de la sanction de la force, l'arbitrage possède en lui-même, comme les jugements, la sanction plus efficace du respect et de l'autorité.

J'ai placé en tête de cette note l'illogique et inexplicable déclaration de M. Neveux à la Chambre, parce qu'elle offre un reflet de l'état de la question en France. Tandis que dans tous les pays un mouvement considérable se produit en faveur de l'arbitrage; que de véritables croisades pacifiques s'organisent; que le mot d'ordre *guerre à la guerre* retentit de toutes parts ; la masse des esprits se tient en France en dehors de cette vaste expansion des idées de paix. En Italie, nous voyons le 30 Avril 1878, un journal *Il secolo*, émettre l'idée d'une ligue de la paix, et moins de deux ans après cette ligue compte 7,000 adhérents ; en France, la Société des Amis de la Paix après plus de dix ans d'existence, possède à peine cinq cents membres!

C'est une raison de plus, Messieurs, pour nous attacher à défendre la cause civilisatrice de la paix. Il appartient à des sociétés comme la nôtre de diriger l'esprit public dans ces grandes questions dont la solution, si généreuse qu'elle apparaisse, ne saurait s'imposer à la foule que par une propagande obstinée. Nombreux hélas ! sont les gens dont l'esprit, endurci dans toutes les routines, est rebelle à la conception d'un idéal et auxquels il est difficile de faire admettre une chose meilleure que ce qui est. Ils ont tout dit dès qu'ils ont crié à l'utopie, et pourtant, combien d'utopies de la veille sont devenues des vérités du lendemain.

Lorsque les philosophes d'Athènes et de Rome multipliaient leurs protestations, alors stériles, contre l'esclavage, ils étaient eux aussi des utopistes et cependant le sentiment de répulsion que provoque la pensée même de l'esclavage est si violent aujourd'hui qu'on comprend à peine qu'il ait pu prendre naissance et se perpétuer jusqu'à nous.

Il en sera de même, j'en ai la conviction, à l'égard de l'arbitrage international. Un jour viendra où notre généreuse utopie, si utopie il y a, se transformera en une indiscutable réalité et ce jour sera d'autant plus proche que la propagande de paix aura été active. Nous ne sommes plus, grâce à Dieu, aux temps où la pensée humaine était circonscrite dans les limites d'un portique, au profit des quelques adeptes qui y avaient accès. D'un bout de la terre à l'autre, l'échange des produits entraîne entre les nations l'échange des idées : le même courant de civilisation qui a amené l'abolition de l'esclavage entraînera l'abolition de la guerre.

Dans un travail précédent, j'ai suivi, dans leur développement historique, la rapidité des progrès du principe de l'arbitrage ; j'ai rappelé qu'on ressent d'autant plus aujourd'hui la nécessité d'éviter la guerre que la guerre est plus meurtrière ; j'ai dit comment le développement considérable du commerce et de l'industrie a favorisé la cause de l'arbitrage, en resserrant, entre les peuples, ce lien des intérêts qui les rend solidaires l'un de l'autre, si bien que le mouvement pacifique se produit surtout chez les nations où le mouvement commercial est le plus étendu.

Les deux années qui viennent de s'écouler nous offrent un nouveau témoignage de cette loi ; car c'est surtout en Angleterre et aux Etats-Unis que des efforts ont été faits pour populariser la haine de la guerre.

Et ne vous étonnez pas, Messieurs, que ces réclamations aient éclaté au moment où le canon retentissait de toutes parts. C'est sous l'impression des tueries internationales que les protestations redoublent plus vives contre la guerre. N'allez pas conclure surtout que l'arbitrage soit bien impuissant puisqu'il n'a pu empêcher les effusions de sang dont nous sommes encore les victimes ou les témoins.

Pour que l'arbitrage soit possible entre deux nations, il faut supposer, de l'une à l'autre, un certain niveau de civilisation et de progrès moral. C'est dire que tout arbitrage était impossible soit à l'égard de l'Afghanistan, soit à l'égard des Zoulous. Si le droit de la force peut conserver quelque empire, c'est contre les peuples à demi-barbares, car la barbarie c'est la guerre. Aussi est-il évident que l'idée même de l'arbitrage ne pouvait surgir dans un conflit avec des nations aussi peu policées.

Or, la Turquie peut-elle bien être distinguée de ces nations ? Admettez-vous qu'elle se trouve au niveau moral de nos civilisations ? Faut-il rappeler qu'après les massacres de Bulgarie, la Porte, cédant à une conférence européenne, avait promis certaines réformes qu'elle n'exécuta jamais et que c'est après deux années d'une vaine attente, après les efforts les plus infructueux de l'Europe entière que le czar entamait cette guerre longue et sanglante dont le dénouement même est si précaire ? Si donc, dans ces temps derniers, des solutions de conflits internationaux ont été demandés exclusivement à la poudre, il n'en faut pas déduire que l'arbitrage doive être écarté entre des nations et dans des cas où il a déjà évité et où il peut éviter encore bien des hécatombes humaines.

Ces mêmes événements ont fait naître en Angleterre, dans les premiers mois de l'année 1878, le plus grand mouvement peut-être qu'aient suscité les principes de paix. Je n'ai pas le dessein, Messieurs, d'entraîner votre attention sur le domaine de la politique qui nous est fermé, mais les faits et l'histoire nous appartiennent. Je puis donc vous rappeler l'extrême irritabilité qu'un conflit d'intérêts excita à cette époque entre l'Angleterre et la Russie. Les troupes anglaises étaient levées, armées, que dis-je, transportées déjà aussi près qu'il était possible d'un nouveau champ de bataille. La guerre paraissait inévitable. Le fanatisme religieux, réveillé dans l'Inde, y avait rassemblé une puissante armée. L'Orient et l'Occident semblaient prêts à s'embraser, et pourtant l'on ne se battit pas et si l'on ne se battit pas c'est que l'Angleterre sut ménager la paix au prix d'une patience peu ordinaire ; c'est que la puissance de l'opinion lui imposait cette solution, c'est que plus de 150 meetings favorisés par des conférences sans nombre avaient pour programme: *L'arbitrage et la non-intervention* ; c'est que les ministres de la religion eux-mêmes en faisaient le sujet de leurs sermons, et que de toute cette agitation, il résultait un courant d'idées bienfaisant qui, favorisé par une grande partie de la presse, portait irrésistiblement les esprits au maintien de la paix. Or, pour avoir écouté ces sages conseils, l'Angleterre est-elle moins heureuse, est-elle moins respectée ?

Je dois rappeler que nous devons à l'Angleterre et au Portugal la précieuse mention du dernier cas d'arbitrage. En Janvier 1876, un conflit d'intérêts s'était élevé entre ces deux nations relativement aux limites de leurs possessions en Afrique ; la solution en fut confiée par elles au jugement arbitral de M. Thiers.

Mais ce n'est pas seulement en Angleterre que nous avons vu l'agitation pacifique se produire pendant les deux années qui viennent de s'écouler.

L'idée nouvelle travaille l'Allemagne elle-même, cette patrie du militarisme. A Francfort, M. le Dr Keller de Breslau fait une conférence sur la crise commerciale, et il attribue cette crise à la guerre. Il remarque qu'après les guerres de Frédéric Ier, l'influence politique de la Prusse n'avait augmenté qu'au détriment de son bien-être matériel, de même que pendant les guerres du premier empire, l'Angleterre, quoique victorieuse et conquérante de nos meilleures colonies, voyait ses exportations tomber de 52 millions à 20 millions ; il ajoute que le pied de guerre est aussi préjudiciable à l'industrie et au commerce que la guerre elle-même et il conclut en réclamant la réduction de durée du service militaire. Voici d'ailleurs dans quels termes il s'exprime : «Diminuez le service d'un quart et vous ferez une économie de près de 200 millions de marcs. Il faut bien dire ces vérités et faire comprendre leur force logique malgré le peu de popularité dont elles peuvent malheureusement se vanter. Mais la raison de cette impopularité est dans notre mauvaise éducation. Jusqu'à ce jour, on a enseigné à notre jeunesse que les grandes batailles et les grands capitaines sont la gloire d'un peuple. Il ne serait pas étonnant de voir les guerres se perpétuer si les nations continuaient à être élevées selon de pareils dogmes. » C'est dans cette même ville de Francfort que se tenait l'année dernière le congrès de l'association pour la réforme du droit des gens et le principe de l'arbitrage y était vigoureusement défendu.

A propos d'un impôt sur le tabac projeté dans l'empire Allemand, une brochure a été répandue dans ce pays à laquelle je trouve quelqu'intérêt comme affirmation du mouvement pacifique. Cet impôt était destiné à combler un déficit dans le budget; or, l'auteur, qui paraît être du parti National Libéral, se demande comment un déficit peut se produire dans l'empire, quand les finances de l'Allemagne enrichies de 5 milliards devraient être dans un état prospère. Ces milliards ont-ils donc été employés à l'établissement de routes et de voies ferrées, à la construction de maisons d'écoles et de cités ouvrières, à l'endiguement de fleuves pour parer à des inondations périodiques ? Non pas, l'augmentation des frais militaires a tout absorbé; or, l'écrivain remarque que l'Angleterre et les Etats-Unis ne seraient pas devenus riches comme ils le sont, si ces Etats avaient consumé leurs forces les plus utiles, hommes, argent, dans le militarisme.

Enfin, dans les séances des 2 et 3 avril 1878, la cause de l'arbitrage faisait son entrée au Reichstag même où MM. Zimmermann et Ducker se prévalaient des décisions antérieures des parlements étrangers, et accentuaient la nécessité d'une justice internationale.

Je ne saurais omettre, dans ce tableau des manifestations de l'idée de paix en Allemagne, l'éloquente protestation de M. Dollfus, dans laquelle le député de Mulhouse, démontrait à ses collègues du Reichstag que le militarisme ruine l'Allemagne, que l'Alsace-Lorraine est une autre Vénétie qui l'épuise et que les tueries humaines sont un reste de barbarie qu'il faudrait faire cesser. « En agissant ainsi, terminait M. Dollfus, la Grande Allemagne serait acclamée par l'Europe entière et réaliserait ainsi ce que vous avez inscrit sur le glorieux monument érigé à votre illustre roi Guillaume III : Justice élève les peuples — Paix sur la terre. »

En Italie, la ligue de la paix a fait des progrès d'une étonnante rapidité. J'ai dit comment un journal de Milan ayant publié une série d'articles-sous ce titre : « Croisade contre la guerre, » les bases se trouvèrent jetées d'une ligue qui, deux mois après, comptait sept mille adhérents. Cette ligue convoquait à Milan, le 19 mai dernier, un premier congrès de la paix et plus de six mille personnes réunies, sous la présidence du sénateur Pepoli, votaient un ordre du jour en faveur de la paix, de l'arbitrage et du désarmement.

Un autre meeting en faveur de la paix avait lieu en août 1878, à Savone. Un député, M. Filopanti, y affirmait, aux applaudissements de l'assemblée, que l'Allemagne se couvrirait de gloire si elle convoquait l'Alsace et la Lorraine pour choisir, par la voie du plébiscite, la nation à laquelle elles veulent appartenir et si elle respectait la volonté exprimée par les Alsaciens-Lorrains. Le meeting approuvait M. Filopanti et décidait que toutes les questions territoriales devraient être réglées par la voie du suffrage universel et des arbitrages.

De nouveaux congrès doivent être réunis cette année dans diverses provinces de la péninsule.

Aux Etats-Unis, dans un pays où le système de l'arbitrage, enseigné dès l'école, est répandu dans tous les esprits, nous avons à mentionner de nouveaux témoignages de la faveur qu'on attache aux principes de paix.

C'est, d'une part, un vote de la Chambre des représentants qui réduit de 20,000 à 17,000 hommes l'effectif de l'armée ; c'est, d'autre part, le discours d'installation du président Hayes, dans lequel il se déclare partisan convaincu de l'arbitrage pour la solution des différends qui peuvent surgir entre l'Union Américaine et les autres peuples. Il déclare y voir « un moyen nouveau et incomparablement le meilleur pour le maintien de la paix » et il en recommande l'adoption par toutes les nations du globe.

Et, quelques jours plus tard, il annonce que l'objet de sa politique sera « d'amener les partis du Sud à entrer en relations pour assurer, au moyen de l'arbitrage, la paix, la prospérité et la protection de tous les citoyens sans l'intervention de la force militaire. »

C'est aussi d'Amérique que provenaient la charrue et la serpe qui figuraient à l'exposition de l'an dernier. Une société américaine de la paix ayant invité les hommes de guerre à réaliser la parole d'Isaïe : « Un jour viendra où de leurs épées ils forgeront des charrues et de leurs lances des serpes, » le colonel Greusel vint, le premier, faire hommage à la Société de paix de l'épée dont il s'était vaillamment servi au Mexique et pendant la guerre de sécession. Cet exemple fut suivi par d'autres officiers et c'est avec ces épées, dont quelques unes étaient offertes encore teintes de sang, que furent fabriquées cette charrue et cette serpe, désormais historiques.

En France, où il y aurait tant à faire pour amener l'état des esprits dans cette question de l'arbitrage, au niveau où nous les trouvons dans d'autres contrées, a-t-on fait depuis. deux ans les efforts nécessaires pour arriver à un résultat que tous reconnaissent comme désirable? Je ne le crois pas.

Combien de gens ignorent qu'il y a là une de ces questions capitales qui tourmentent une époque, parce que cette époque marque la transition difficile entre un passé qui finit et un avenir qui s'en dégage avec peine? Cela tient, Messieurs, à ce que l'on ne s'occupe pas assez de populariser l'arbitrage international. Une dizaine de conférences dans les provinces, des bulletins trop peu répandus, tel serait le bilan insuffisant des travaux de la première société de paix qui existe en France, si l'honneur ne lui revenait pas d'avoir provoqué et organisé le Congrès de la paix réuni aux Tuileries l'an dernier, à l'occasion de l'Exposition.

Vous vous souvenez, Messieurs, que ce congrès réunit au Pavillon de Flore, du 27 septembre au 1er octobre derniers, les Présidents d'un grand nombre de sociétés de paix. Il me paraît bon de mentionner les principales : The peace society de Londres; le Lega della pace, de Rome; la Ligue Néerlandaise de la paix, le Comité Parlementaire des Amis de la paix de Vienne; la société française des Amis de la paix, la Ligue de la Paix et de la Liberté de Genève; the Universeal Peace Union de Philadelphie; la Lega Cosmica de Rome. Des discours y furent prononcés, une résolution y fut discutée et votée qui peut être considérée désormais comme le programme des amis de la Paix dans le monde entier, et pourtant, voyez combien peu de retentissement ont eu ces luttes pacifiques : j'ai vainement cherché dans deux des journaux importants de cette ville, le *Courrier* et *Le Havre* une seule indication relative à ce Congrès et si ces journaux ont parlé du grand meeting qui se tenait le 26 août 1878, au théâtre du Château-d'Eau, et qui avait été organisé par l'association anglaise des ouvriers pour la paix, c'est qu'on avait eu le tort de transformer ce meeting en réunion politique, comme si la question de la paix n'était pas en dehors et au-dessus des étroites sphères de la politique.

Jadis des comités locaux existaient de toutes parts ; un de ces comités avait été organisé au Havre : la guerre de 1870 l'a tué, et depuis lors, en dehors de vous, Messieurs, qui avez montré que la question vous préoccupe, bien peu sans doute en ont pris quelque souci. Il convient de réagir contre cette indifférence.

Il ne faut pas se lasser de répéter ce que la guerre enlève de forces vives à une nation : capital hommes et capital argent. Et savez-vous par quels chiffres se traduit ce désastreux bilan ? M. G. Sanut, dans un travail historique sur les guerres de 1791 à 1814 établit que la France seule fit, dans cette période, une consommation d'hommes s'élevant au chiffre effrayant de 4,556,000.

« Il n'y a donc, dit M. Patonie, le fondateur d'un journal de paix publié depuis peu à Berlin, *Le Rameau d'Olivier*, aucune exagération à affirmer que pendant cette longue et sanglante période de vingt-trois ans, la guerre dévora en Europe environ 2000 hommes par jour. »

Et veut-on connaître quels sacrifices d'argent furent faits en Angleterre pendant la même période par suite de l'état de guerre ? En récapitulant par chaque année les capitaux dévorés par le budget de cette nation, M. Sanut arrive au chiffre de vingt milliards trois cent seize millions quatre cent mille francs. « Immense holocauste, ajoute l'auteur, qui n'eut d'autre résultat que de désorganiser ses ateliers, de tirer des ports, des fabriques, des fermes, deux millions d'ouvriers vigoureux pour les convertir en soldats et en matelots, dont le plus grand nombre mourut de maladie dans cette guerre de vingt-trois ans ; que d'enlever aux travaux organisés pour la paix un nombre considérable de capitaux et de travailleurs pour les employer dans les chantiers des arsenaux, dans les manufactures d'armes, de munitions, d'équipement, de moyens de transport ; et que d'anéantir sans retour d'aucune richesse, les produits de ces chantiers et de ces manufactures. »

M. Leroy Beaulieu dans une brochure intitulée : Guerres contemporaines, 1853-1866, a analysé de même les pertes d'hommes et de capitaux éprouvées dans ce court laps de temps. Il évalue les pertes en hommes à 1 million 743,491 ; les pertes en capitaux à 47 milliards 830 millions. A elle seule la guerre de Crimée figure dans ces chiffres épouvantables pour 784,000 hommes tués et 8 milliards 1/2 dépensés.

Dès l'antiquité, Pline l'ancien reprochait à César d'avoir fait périr 1,192,000 hommes et il ajoutait que la gloire et les nécessités politiques ne justifiaient pas de tels outrages contre l'humanité.

Ailleurs, nous lisons ce que coûte annuellement un soldat dans chacun des Etats européens : En Angleterre, 2,500 francs ; en Russie, 1,202 ; en France, 1,172 ; en Belgique, 1,047 ; en Allemagne, 975 ; en Turquie, 922 ; en Italie, 917 ; en Danemark, 889 ; en Espagne, 775 ; en Autriche, 720. — Par rapport aux dépenses totales, le budget de la guerre en 1878 représente en Russie, 34 0/0 ; en Angleterre, 33 0/0 ; en France, 32 0/0 ; en Allemagne, 27 0/0. C'est donc le tiers de nos impôts que dévore l'entretien de nos armées et l'on ne tient compte, dans les chiffres ci-dessus, ni des capitaux absorbés après la guerre par les réparations des désastres causés par elle, ou des richesses que créeraient quatre millions d'hommes jeunes et valides employés non plus à détruire mais à produire.

Il semble que si la question était ainsi posée : Anéantissement par la guerre ou enrichissement par la paix, l'état des esprits se montrerait de plus en plus favorable à un programme qui n'est peu apprécié en France que parce qu'il y est peu connu.

On l'a dit bien justement : « Pour assurer au code international, avant même qu'il existe, le respect efficace et l'autorité morale sans lesquels il ne sera jamais que lettre morte, il faut deshonorer la guerre. » ; et, reprenant cette pensée dans un discours magnifique que vous avez tous lu, Victor Hugo s'écriait l'an dernier : « La paix est la vertu de la civilisation ; la guerre en est le crime. Quiconque dit : la force prime le droit, fait acte de moyen-âge et parle aux hommes trois cents ans en arrière. Aujourd'hui la force s'appelle la violence. La civilisation, sur la plainte du genre humain, instruit le procès et dresse le grand dossier criminel des conquérants et des capitaines. Ce témoin, l'histoire, est appelé. La réalité sévère apparait. Les éblouissements factices disparaissent. Non, la gloire sanglante n'existe pas ; deshonorons la guerre ! »

Or, pour deshonorer la guerre, il faut abattre ces vieux préjugés pétris de glorioles militaires et de barbaries déguisées et édifier sur leurs débris les principes humains et civilisateurs qui, proclamés il y a plus de vingt siècles, tendent de plus en plus vers leur réalisation.

Devons-nous espérer pour un avenir prochain cet enfantement d'une civilisation en progrès ? je ne m'illusionne pas au point de le croire. Si la marche des idées est irrésistible, elle est aussi bien lente. Les préjugés, qui sont l'œuvre des siècles, ne s'écroulent qu'avec les siècles ; et je crains bien que nous ne soyons qu'à l'aurore des temps de paix et de fraternité ; mais il n'importe : nous sommes en face d'un de ces grands problèmes sociaux dont la solution s'imposera tôt ou tard, et nous aurons fait œuvre bonne si nous pouvons hâter, ne fût-ce que d'un jour, le moment, si éloigné qu'il soit, où l'arbitrage international règnera enfin entre les nations.

9 Avril 1879.